Contenido

contenido

Introducción

Valor nutritivo de la carne

La carne de res magra, la ternera y la de cordero son un alimento muy nutritivo con características únicas: bajo contenido de grasa, proteínas, vitaminas y minerales esenciales y, por si fuera poco, la carne roja magra contribuye a tener un cuerpo sano.

Uno de los beneficios principales es que proporciona hierro, el cual es indispensable para transportar oxígeno a todo el cuerpo a través del torrente sanguíneo. Si no consumes suficiente hierro, te sientes cansado, con poca energía y puedes sufrir anemia.

La carne de res magra, la ternera y la de cordero es uno de los alimentos con mayor contenido de hierro. El hierro de la carne ayuda a que el cuerpo optimice la calidad del hierro en alimentos como verduras, nueces, legumbres y granos.

Una porción estándar de carne roja magra no sólo aumenta la cantidad de hierro, sino que proporciona la mitad de los requerimientos diarios de zinc. El zinc es otro mineral esencial para los humanos necesario para el crecimiento, la reproducción y para tener un sistema inmunológico sano.

Una porción de carne también es rica en vitamina B; proporciona tiamina, riboflavina, niacina, vitamina B6 y vitamina B12 en grandes cantidades, lo cual ayuda a liberar la energía de la comida y a mantener un cuerpo sano.

También proporciona las proteínas de alta calidad que son esenciales para la construcción y reparación de todas las células del cuerpo. Las proteínas de la carne satisfacen a la perfección las necesidades del cuerpo porque contienen ocho de los aminoácidos esenciales que necesitas cada día.

La carne de res magra, la ternera y la de cordero magra son una combinación única de nutrientes esenciales en el mismo paquete bajo en grasas. Representan una aportación muy nutritiva y de gran sabor a cualquier alimento.

La compra de carne adecuada depende del corte, el almacenamiento y el método de cocción correctos. La elección de cortes adecuados se indica en la introducción de los capítulos de Res, Cerdo y Cordero.

- Comprar la cantidad de carne que pueda ser almacenada en el espacio disponible.
- Elegir la carne de color rosa brillante a rojo cuya apariencia es fresca y no seca.
- Si no estás segura de qué corte elegir pregunta al carnicero, él te dará información útil y estará dispuesto a ayudarte.
- Para calcular la cantidad de carne por persona, considera 115-145 g / 4-5 oz de carne magra y sin hueso por cabeza.

Res

Estofado de res

1 Calentar 1 cucharada de aceite en una cacerola resistente al fuego; colocar la mitad de la carne y freír por 5 minutos revolviendo constantemente; retirar la carne y colocarla en un plato; cocer el resto de la carne; retirarla y regresar al sartén la primera tanda de carne cocida.

2 En un sartén grande poner el resto del aceite; colocar la cebolla, tapar y freír durante 5 minutos o hasta que esté suave, revolver ocasionalmente; añadir el vino y dejar hervir por 5 minutos o hasta que el líquido se haya reducido a la mitad.

3 A la cacerola donde está la carne añadir la mezcla de la cebolla, el caldo y el atado de hierbas; sazonar con sal y pimienta; dejar que suelte el hervor (revolver de vez en cuando); reducir a fuego medio y tapar; dejar cocinar durante 1 hora o hasta que la carne esté suave.

4 Agregar las zanahorias, el nabo, el apio y las papas; volver a tapar y dejar cocer hasta que las verduras estén suaves, aproximadamente 40 minutos; probar y agregar sal y pimienta si hace falta. Si la salsa está muy líquida calentar por más tiempo (sin tapar) hasta que espese un poco; retirar el atado de hierbas antes de servir.

Porciones *4* ***Tiempo de preparación*** *25 min*
Tiempo de cocción *2 hr* ***Calorías*** *428* ***Grasa*** *11 g*

- 2 cucharadas de aceite vegetal
- 680 g / 24 oz de carne de res, cortada en cubitos
- 2 cebollas grandes, peladas y rebanadas
- 285 ml / 10 oz de vino tinto
- 570 ml / 20 oz de caldo de res
- 1 ramita de perejil fresco, 1 ramita de tomillo, 1 hoja de laurel; atado con un cordel de cocina
- sal y pimienta negra
- 3 zanahorias grandes, peladas y rebanadas
- 1 nabo pequeño, pelado y cortado en cubitos de 1 cm / 1/2 in
- 2 tallos de apio, rebanados
- 2 papas grandes, peladas y cortadas en cubos de 1 cm / 1/2 in

Carne de res con papas y nabos

- 1 cucharada de aceite de olivo
- 1 cebolla grande, picada
- 1 zanahoria grande, picada
- 55 g / 2 oz de tocino, picado
- 750 g / 26 oz de carne de res, magra y molida
- 285 ml / 10 oz de caldo de res
- 2 cucharadas de salsa catsup
- 1 cucharada de salsa inglesa
- 1 cucharadita de tomillo fresco
- sal y pimienta negra
- 2 cucharadas de perejil fresco, picado y extra para decorar

Papas:

- 455 g / 16 oz de papas, picadas
- 455 g / 16 oz de nabos, picados
- 55 g / 2 oz de mantequilla
- 145 ml / 5 oz de crema
- nuez moscada, recién rallada

1 Calentar el aceite en un sartén y freír la cebolla, la zanahoria y el tocino durante 10 minutos o hasta que dore; añadir la carne y freír de 10 a 15 minutos, separar las bolas de carne con el dorso de una cuchara de madera, hasta que la carne tome color café; sacar el exceso de grasa e incorporar el caldo, la salsa catsup, la salsa inglesa, el tomillo y sazonar; calentar a fuego lento parcialmente tapado durante 45 minutos, revolver ocasionalmente, hasta que espese (agregar un poco de agua si se seca demasiado).

2 Cocer las papas y los nabos en agua hirviendo con sal de 15 a 20 minutos, hasta que estén suaves; colar y machacar con 25 g / 1 oz de mantequilla y la crema; sazonar con la pimienta y la nuez moscada.

3 Precalentar el horno a 200°C / 400°F. Colocar la carne en un recipiente resistente al calor (de 1.5 l / 2 3/4 de pinta) e incorporar el perejil. Con un tenedor revolver la mezcla de papas y nabos y añadir el resto de la mantequilla y dejarla aparte. Hornear la carne de 35 a 40 minutos hasta que tome color café; decorar con perejil.

Porciones *6* ***Tiempo de preparación*** *20 min*
Tiempo de cocción *1 hr 55 min* ***Calorías*** *397* ***Grasa*** *21 g*

Carbonade

Albóndigas

italianas en salsa de jitomate

- 1 rebanada gruesa de pan blanco, sin costras, cortada en pedazos
- 2 cucharadas de leche entera
- 455 g / 16 oz de carne de res, magra y molida
- 2 dientes de ajo, machacados
- 4 cucharadas de queso parmesano, rallado y un poco más para espolvorear
- 1 huevo mediano, ligeramente batido
- 3 cucharadas de albahaca fresca, picada y unas hojas para adornar
- sal y pimienta negra
- 2 cucharadas de aceite de olivo

Salsa:

- 400 g / 14 oz de jitomates enlatados con hierbas
- 200 ml / 7 oz de vino tinto, vino blanco seco o caldo de res
- 2 cucharadas de puré de jitomate deshidratado
- 1 cucharadita de azúcar, o al gusto
- 55 g / 2 oz de aceitunas negras, deshuesadas

1 Colocar el pan en un recipiente grande, verter la leche y dejar remojar durante 5 minutos. Añadir la carne de res, el ajo, el queso parmesano, la albahaca y sazonar; mezclar bien (con las manos). Formar albóndigas con la mezcla, hacer entre 20 y 24 bolas. Refrigerar durante 30 minutos.

2 Calentar el aceite en un sartén. Freír las albóndigas en dos tandas durante 5 minutos, voltear para que se fríen uniformemente. Quitarlas del sartén y secarlas en toallas de papel.

3 Para hacer la salsa: quitar el aceite del sartén. Añadir los jitomates, el vino o el caldo, 300 ml / 1/2 pinta de agua, el puré de jitomate, el azúcar y sazonar. Dejar que suelte el hervor y hervir a fuego lento durante 20 minutos, agregar las albóndigas y dejar que hiervan 10 minutos más, mover ocasionalmente. Sazonar al gusto, añadir las aceitunas y dejar calentar durante 1 minuto. Esparcir el queso parmesano y la albahaca justo antes de servir.

Porciones *4* ***Tiempo de preparación*** *20 min más 5 min para remojar y 30 min para refrigerar*
Tiempo de cocción *45 min* ***Calorías*** *379* ***Grasa*** *18 g*

Filetes
de res con pimienta y

2 cucharadas de pimientas mixtas

4 sirlones, cuadriles o filetes de res (de 115 g / 4 oz c/u), magros

perejil fresco para decorar

Salsa:

3 jitomates

2 cucharadas de jugo de jitomate

2 cucharadas de aceite de olivo

1 cebolla morada, finamente picada

2 cucharaditas de salsa de rábano*

1 cucharada de cilantro fresco, picado

pimienta negra

* Véase página 47.

1 Colocar los jitomates en un recipiente y cubrirlos con agua hirviendo durante 30 segundos; escurrirlos, pelarlos, quitar las semillas y picar finamente; ponerlos en un recipiente junto con el jugo de jitomate, 1 cucharada del aceite, la cebolla morada, la salsa de rábano, el perejil y la pimienta negra; mezclar bien; tapar y reservar durante 1 hora.

2 Precalentar la parrilla a intensidad media. En un mortero moler los granos de pimienta. Barnizar la carne con el resto del aceite y cubrirlos con la pimienta.

3 Colocar la carne sobre la parrilla y asar de 4 a 5 minutos por lado hasta que estén cocidos al término deseado; servir con la salsa de cebolla morada y decorar con el perejil fresco.

Porciones *4* **Tiempo de preparación** *15 min más 1 hr para reposar*
Tiempo de cocción *15 min* **Calorías** *247* **Grasa** *12 g*

salsa de cebolla morada

4 filetes de cuadril (de 170 g / 6 oz c/u), sin grasa
4 cucharadas de salsa teriyaki o de soya
4 cucharadas de aceite de olivo
6 cucharadas de crème fraîche*
4 cucharaditas de crema de rábano*
2 cucharadas de aceite de cacahuate
7 cebollas de cambray, en rebanadas delgadas
1 cebolla de cambray, en juliana
2 dientes de ajo, picados
1/2 cucharadita de chiles secos, machacados

* Véase página 47.

Filetes de cuadril con crema de rábano

1 Colocar la carne en un recipiente que no sea de metal; bañarla con la salsa teriyaki o de soya; tapar y marinar de 1 a 2 horas en el refrigerador. En un recipiente pequeño mezclar la crème fraîche y la salsa de rábano; tapar y refrigerar.

2 Calentar un plato para parrilla a intensidad media alta; frotar con el aceite de cacahuate (usar una toalla de papel). O calentar el aceite en un sartén de base gruesa. Colocar dos filetes, reservar la marinada, y cocer por 3 minutos por lado o hasta que estén al término deseado; retirar la carne y mantener caliente; repetir con los otros dos filetes.

3 En un sartén pequeño calentar las rebanadas de cebollas de cambray, el ajo, los chiles y la marinada; servir sobre los filetes, colocar una cucharada de salsa de rábano y encima poner las cebollas de cambray en juliana. Servir aparte el resto de la salsa de rábano.

Porciones *4* **Tiempo de preparación** *10 min más 2 hr para marinar*
Tiempo de cocción *15 min* **Calorías** *451* **Grasa** *31 g*

Cuadril de res con soya

455 g / 16 oz de cuadril, magro y cortado en tiras delgadas

2 cucharadas de salsa de soya

2 cucharadas de vino de arroz o sherry

1 1/2 cucharada de maicena

1 cucharadita de azúcar

3 cucharadas de aceite de cacahuate

145 g / 5 oz de brócoli, cortado en trozos

1 pimiento rojo grande, sin semillas y cortado en tiras delgadas

2 dientes de ajo, machacados

3 cucharadas de salsa de ostión*

200 g / 7 oz de germen de soya

sal y pimienta negra

* Véase página 17.

1 En un recipiente (que no sea de metal) mezclar bien la carne, la soya, el vino de arroz o sherry, la maicena y el azúcar.

2 Calentar 1 cucharada de aceite en un sartén grande de base gruesa; añadir 1/3 de la mezcla de la carne y freír revolviendo a fuego alto de 2-3 minutos, hasta que tome color café; repetir con 2 tandas más (añadir más aceite si es necesario).

3 Calentar el aceite restante en el sartén y agregar el brócoli junto con 6 cucharadas de agua; sofreír durante 5 minutos; agregar el pimiento y el ajo, freír revolviendo de 2-3 minutos más hasta que el brócoli esté tierno y firme.

4 Incorporar la salsa de soya; regresar la carne al sartén y agregar el germen de soya; revolver a fuego alto durante 2 minutos hasta que la carne esté muy caliente y el germen se haya suavizado un poco; sazonar.

Porciones *4* ***Tiempo de preparación*** *15 min*
Tiempo de cocción *20 min* ***Calorías*** *328* ***Grasa*** *14 g*

Filetes de res

1 Precalentar el horno a 160°C / 325°F. Cubrir los champiñones secos con 75 ml / 3 oz de agua hirviendo, remojar durante 15 minutos hasta que estén suaves, colar y reservar el líquido; picar los champiñones. Derretir 25 g / 1oz de mantequilla y freír los filetes de 2 a 3 minutos por lado, hasta que tomen color café; envolver sin apretar en papel aluminio y mantener caliente en el horno.

2 Agregar 25 g / 1 oz de la mantequilla al sartén y freír los champiñones frescos, los secos, el ajo y el tomillo durante 4 minutos o hasta que los champiñones se suavicen; agregar el vino; aumentar el fuego y hervir de 1 a 2 minutos hasta que la salsa se reduzca a la mitad.

3 Mezclar el líquido reservado de los champiñones secos y el caldo de res; verter al sartén y calentar a fuego lento durante 3 minutos; incorporar el resto de la mantequilla y sazonar; servir con los filetes y adornar con tomillo.

- 15 g / 1/2 oz de champiñones secos
- 85 g / 3 oz de mantequilla
- 4 filetes de 170 g / 6 oz c/u
- 255 g / 9 oz de champiñones frescos mixtos, rebanados
- 1 diente de ajo
- 1 cucharadita de tomillo fresco, picado y extra para decorar
- 85 ml / 3 oz de vino tinto
- 85 ml / 3 oz de caldo de res
- sal y pimienta negra

Porciones *4* ***Tiempo de preparación*** *10 min más 15 min para remojar*
Tiempo de cocción *15 min* ***Calorías*** *436* ***Grasa*** *24 g*

rellenos de champiñones

Filetes
de res estofados en vino tinto

- 3 cucharadas de aceite de olivo
- 700 g / 25 oz de filetes, magros y cortados en trozos de 6 cm / 2 1/2 in
- 6 chalotes, finamente picados
- 2 dientes de ajo, machacados
- 2 tallos de apio, en rebanadas gruesas
- 310 g / 11 oz de champiñones, en rebanadas gruesas
- 1/2 cucharadita de pimienta de Jamaica
- 1/2 botella de vino tinto con mucho cuerpo
- 255 ml / 9 oz de passata*
- 2 ramitas de tomillo fresco
- sal y pimienta negra

* Véase página 47.

1 Precalentar el horno a 180°C / 350°F. Calentar el aceite en un recipiente grande resistente al fuego, o en una cacerola grande, y freír revolviendo la carne de 5 a 10 minutos hasta que tome color café; quitar del recipiente o cacerola y añadir los chalotes, el ajo y el apio, freír revolviendo de 3 a 4 minutos hasta que doren un poco.

2 Añadir los champiñones y cocer durante 1 minuto o hasta que se suavicen; incorporar la pimienta de Jamaica, el vino, la passata, 1 ramita de tomillo y sazonar; colocar la carne en el recipiente o cacerola y dejar que la mezcla suelte el hervor a fuego lento.

3 Tapar y hornear o calentar sobre las hornillas a fuego lento de 1 1/2 - 2 horas hasta que la carne esté suave; sazonar si es necesario; servir decorado con el resto del tomillo

Porciones *4*
Tiempo de preparación *10 min*
Tiempo de cocción *10 min*
Calorías *335*
Grasa *14 g*

2 Cordero

Chuletas

empanizadas y puré de chirivía

- 2 cucharaditas de mostaza dijon
- 2 cucharaditas de miel
- 2 dientes de ajo, machacados
- 1 cucharada de romero fresco, machacado y unas ramitas extra para decorar
- 3 cucharadas de aceite de olivo o mantequilla derretida
- sal y pimienta negra
- 8 chuletas de cordero
- 100 g / 3 1/2 oz de pan blanco molido, fresco

Puré de chirivía:

- 455 g / 16 oz de chirivías, en trozos
- 455 g / 16 oz de papas, en trozos
- 2 dientes de ajo
- 55 g / 2 oz de mantequilla
- 5 cucharadas de crema
- nuez moscada recién molida

1 Mezclar la mostaza, la miel, el ajo, el romero y 2 cucharadas del aceite o mantequilla y sazonar con la pimienta; barnizar las chuletas con esta mezcla y revolcarlas en el pan molido.

2 Para hacer el puré: en una cacerola con agua hirviendo con sal cocer las chirivías, las papas y el ajo de 15 a 20 minutos hasta que estén suaves; escurrir bien y machacar con la mantequilla y la crema hasta que la mezcla esté suave; sazonar con sal, pimienta y nuez moscada.

3 Precalentar la parrilla a intensidad media-alta; colocar las chuletas en la rejilla y bañar con el resto del aceite o mantequilla; asar de 7 a 8 minutos por lado hasta que estén suaves –ajustar el calor para que el pan molido no se queme; servir con el puré y adornar con el romero.

Porciones *4* ***Tiempo de preparación*** *15 min* ***Tiempo de cocción*** *20 min* ***Calorías*** *804* ***Grasa*** *50 g*

Estofado
lancashire

- 45 g / 1 1/2 oz de mantequilla
- 4 chuletas o filetes grandes de cordero, sin grasa
- 750 g / 26 oz de papas, en rebanadas delgadas
- 2 cebollas grandes, en rebanadas
- 3 zanahorias grandes, en rebanadas
- sal y pimienta negra
- 400 ml / 14 oz de caldo de cordero o de res

1 Precalentar el horno a 200°C / 400°F. En un sartén calentar 25 g / 1 oz de la mantequilla y cocer las chuletas durante 5 minutos por lado para que doren. Acomodar la mitad de las papas en una cacerola grande, colocar encima la mitad de las cebollas, la mitad de las zanahorias (sazonar un poco cada capa), poner las chuletas y encima una capa de cebollas, zanahorias y papas y sazonar las capas; verter el caldo y añadir el resto de la mantequilla.

2 Tapar la cacerola y cocer durante 30 minutos; reducir la temperatura del horno a 150°C / 300°F y cocer durante 1 hora más; aumentar la temperatura a 200°C / 400°F, quitar la tapa y cocer de 30 a 40 minutos hasta que las papas se hayan dorado.

Porciones *4* ***Tiempo de preparación*** *20 min*
Tiempo de cocción *2 hr 20 min* ***Calorías*** *617* ***Grasa*** *35 g*

Chuletas

con salsa de grosella

8 chuletas pequeñas (de 115 g / 4 oz c/u)

4 cucharaditas de aceite vegetal

sal y pimienta negra

Salsa:

6 cucharadas de jalea de grosella

6 cucharadas de vino tinto

2 cucharaditas de azúcar blanca

1 cucharadita de mostaza dijon

ralladura fina y jugo de 1 naranja pequeña

1 Para hacer la salsa: en una cacerola pequeña calentar a fuego medio-alto la jalea de grosella, el vino tinto, el azúcar, la mostaza, la ralladura y el jugo de naranja de 2 a 3 minutos, revolviendo constantemente hasta que la jalea y el azúcar se disuelvan; calentar a fuego lento durante 3 minutos o hasta que espese un poco y tenga consistencia de miel; dejar enfriar.

2 Barnizar ambos lados de las chuletas con 3 cucharadas del aceite; sazonar con sal y pimienta. Precalentar la parrilla a temperatura media-alta; barnizar con el resto del aceite la rejilla de la parrilla y acomodar las chuletas.

3 Colocar la rejilla a 10 cm / 4 in de la fuente de calor y asar durante 6 minutos por lado las chuletas para término medio y durante 9 minutos para bien cocido. El tiempo de cocción varía dependiendo del grueso de las chuletas, insertar la punta de un cuchillo para verificar que el interior esté cocido al término deseado. Servir las chuletas bañadas en salsa.

Porciones *4* ***Tiempo de preparación*** *10 min*
Tiempo de cocción *25 min* ***Calorías*** *581* ***Grasa*** *43 g*

Pierna de cordero

1.2 kg / 42 oz de pierna de cordero
4 dientes de ajo, en rebanadas finas
varias ramitas de romero fresco, en trozos
4 cucharadas de aceite de olivo
sal y pimienta negra
3 pimientos grandes (rojo, verde y amarillo), sin semillas y en trozos grandes
3 calabazas zucchini grandes, cortadas en trozos grandes
750 g / 26 oz de papas pequeñas, sin pelar
225 g / 8 oz de jitomates cherry

1 Precalentar el horno a 190°C / 375°F. Hacer varias incisiones en la parte superior de la pierna y encajar 2/3 del ajo y romero; bañar con 1 cucharada del aceite y sazonar.

2 Colocar los pimientos, las calabazas y las papas en una charola para hornear y sazonar; añadir el resto del ajo, del romero y del aceite, reservar. Colocar la pierna sobre una rejilla encima de otra charola para hornear y hornear en la parte superior durante 40 minutos.

3 Poner las verduras marinadas en el horno, en la parte inferior, y voltear la pierna; hornear durante 25 minutos, agregar los jitomates a las verduras; hornear durante 10 minutos más o hasta que la pierna esté cocida. Hornear las verduras durante 10 minutos más, voltear una vez. Servir la pierna con las verduras.

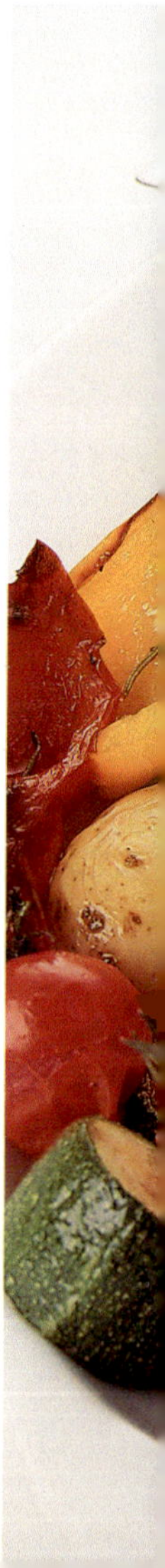

Porciones *4* **Tiempo de preparación** *10 min* **Tiempo de cocción** *40 min* **Grasa** *14 g*

mediterránea

Cordero
con espinacas al curry

- 2 cucharadas de aceite vegetal
- 2 cebollas, picadas
- 2 dientes de ajo, picados
- 2 1/2 cm / 1in de raíz de jengibre fresco, finamente picada
- 1 ramita de canela
- 1/4 de cucharadita de clavo
- 3 vainas de cardamomo
- 595 g / 21 oz de carne de cordero, en cuadritos
- 1 cucharada de comino, molido
- 1 cucharada de cilantro, molido
- 4 cucharadas de yogurt natural
- 2 cucharadas de puré de tomate
- 200 ml / 7 oz de caldo de res
- sal y pimienta negra
- 455 g / 16 oz de espinacas frescas, finamente picadas
- 2 cucharadas de almendras, fileteadas y tostadas

1 Calentar el aceite en una cacerola o en un sartén grande de base gruesa; freír las cebollas, el ajo, el jengibre, la canela, los clavos y el cardamomo durante 5 minutos para suavizarlos y que suelten el sabor.

2 Agregar la carne y freír volteando durante 5 minutos hasta que comience a tomar color; agregar el comino y el cilantro; añadir el yogurt, una cucharada a la vez y revolver bien después de cada cucharada.

3 Mezclar el puré de tomate con el caldo y agregar al cordero; sazonar al gusto; dejar que suelte el hervor, tapar y calentar a fuego lento durante 30 minutos o hasta que la carne esté suave.

4 Incorporar las espinacas, tapar y calentar a fuego lento durante 15 minutos o hasta que la mezcla se reduzca; quitar la ramita de canela y las vainas de cardamomo; agregar las almendras.

Porciones *4*
Tiempo de preparación *15 min*
Tiempo de cocción *1 hr*
Calorías *425*
Grasa *20 g*

Bobotie

sudafricano

- 1 cucharada de aceite vegetal
- 1 cebolla, finamente picada
- 2 rebanadas gruesas de pan blanco, en trozos y sin costras
- 285 ml / 10 oz de leche entera
- 455 g / 1 lb de carne de cordero, molida
- 2 cucharadas de pasta de curry
- 2 dientes de ajo, machacados
- sal y pimienta negra
- jugo de 1/2 limón
- 85 g / 3 oz de chabacanos secos, picados o pasas
- 55 g / 2 oz de almendras, fileteadas
- 2 huevos medianos, batidos

1 Precalentar el horno a 180°C / 350°F. Calentar el aceite en un sartén grande de base gruesa, freír la cebolla durante 5 minutos para que se suavice. Colocar el pan y la leche en un recipiente, deja remojar.

2 Incorporar la carne molida al sartén y cocer durante 10 minutos o hasta que se dore, desmenuzarla con una cuchara de madera; agregar el curry, el ajo y sazonar; cocer por 5 minutos; añadir el jugo de limón, los chabacanos o pasas y 30 g / 1 oz de las almendras; mezclar bien.

3 Sacar el pan de la leche y exprimir un poco; añadir el pan al sartén y reservar la leche. Colocar la mezcla de la carne a un recipiente resistente al fuego, eliminar el exceso de grasa. Incorporar los huevos a la leche y sazonar; verter a la mezcla de la carne y espolvorear el resto de las almendras; cocer durante 30 minutos o hasta que la parte superior esté dorada.

Porciones *4* ***Tiempo de preparación*** *10 min*
Tiempo de cocción *50 min* ***Calorías*** *510* ***Grasa*** *28 g*

Cordero

y pesto con

1 Precalentar la parrilla a intensidad media. Acomodar las chuletas sobre la rejilla y untar la mitad del pesto; asar de 4 a 5 minutos; voltear y untar el resto del pesto; asar por 4 minutos más hasta que estén cocidas.

2 Para hacer la salsa: mezclar en un recipiente el aceite, el vinagre, la miel y la mostaza; agregar los jitomates y el aceite; revolver para que se bañen bien y sazonar; agregar la albahaca. Servir las chuletas con la salsa y decorar con albahaca.

Nota: servir con papas y ensalada verde.

12 chuletas de cordero

3 cucharadas de pesto*

Salsa:

2 cucharadas de aceite de olivo extra virgen

2 cucharaditas de vinagre balsámico

1 cucharada de miel

1 cucharadita de mostaza dijon o de grano entero

225 g / 8 oz de jitomates cherry, en mitades

1 cebolla morada pequeña, finamente picada

sal y pimienta negra

2 cucharadas de albahaca fresca, picada y hojas extra para decorar

* Véase página 47.

salsa de jitomates cherry

Porciones *4* **Tiempo de preparación** *10 min*
Tiempo de cocción *10 min* **Calorías** *484* **Grasa** *33 g*

Brochetas
de cordero y pimiento

con salsa de chile

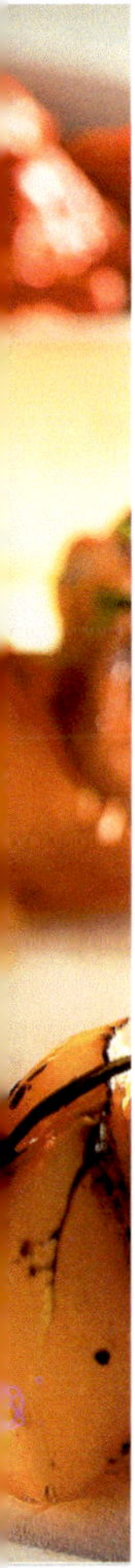

145 ml / 5 oz de vino tinto

1 cucharada de aceite de olivo

jugo de 1/2 limón

1 cucharada de romero fresco, picado

pimienta negra

340 g / 12 oz de pierna de cordero, magra y sin hueso, cortada en 12 cubos

1 pimiento rojo, sin semillas y cortado en 8 trozos

1 pimiento amarillo, sin semillas y cortado en 8 trozos

16 champiñones, sin tallo

Salsa:

400 g / 14 oz de jitomates, picados

115 ml / 4 oz de caldo de verduras

1 cebolla pequeña, finamente picada

1 chile verde, sin semillas y finamente picado

1 cucharada de puré de tomate

1 diente de ajo, machacado

1 En un recipiente que no sea de metal mezclar 4 cucharadas del vino tinto, el aceite, el jugo de limón, el romero y la pimienta negra; añadir el cordero y bañarlo con la mezcla; tapar y refrigerar durante 2 horas.

2 Precalentar la parrilla a intensidad alta. Encajar el cordero, los pimientos y los champiñones en 4 brochetas de metal; reservar la marinada.

3 Colocar los jitomates, el caldo, la cebolla, el chile, el puré de tomate, el ajo, la pimienta negra y el resto del vino en una cacerola, revolver y dejar que suelte el hervor; calentar a fuego lento sin tapar de 15 a 20 minutos hasta que la salsa se espese, revolver ocasionalmente. Asar las brochetas de 12 a 18 minutos hasta que la carne esté suave, voltear ocasionalmente y bañar con la marinada. Servir con la salsa de chile.

Nota: el vino se puede sustituir con jugo de manzana.

Porciones *4* **Tiempo de preparación** *20 min más 2 hr para marinar*
Tiempo de cocción *20 min* **Calorías** *249* *Grasa 11 g*

Osso bucco de cordero

1 Precalentar el horno a 160°C / 325°F. Mezclar el harina, al sal y la pimienta; revolcar la carne para cubrirla bien. Calentar 1 cucharada del aceite en un sartén grande de base gruesa hasta que esté caliente pero no humee; cocer el cordero a fuego medio-alto de 5 a 8 minutos, voltear frecuentemente hasta que esté dorado; colocar en un recipiente para horno.

2 Calentar el resto del aceite en el sartén y cocer a fuego lento la cebolla, la zanahoria, y el apio durante 4-5 minutos hasta que se suavicen; agregar los jitomates, el puré de jitomate, el vino y el caldo; dejar que suelte el hervor, revolver ocasionalmente; incorporar el cordero, tapar con aluminio y hornear de 1 3/4 a 2 horas hasta que la carne esté suave, voltear a la mitad del tiempo de cocción; sazonar al gusto.

3 Para hacer el aderezo: mezclar el perejil, la menta, la ralladura de limón y el ajo; espolvorear sobre la carne y servir.

- 2 cucharadas de harina
- sal y pimienta negra
- 4 piernas de cordero, sin grasa
- 2 cucharadas de aceite de olivo
- 1 cebolla, finamente picada
- 1 zanahoria, finamente picada
- 1 tallo de apio, finamente picado
- 400 g / 14 oz de jitomates enlatado con hierbas
- 1 cucharada de puré de jitomates deshidratados
- 145 ml / 5 oz de vino blanco seco
- 425 ml / 15 oz de caldo de cordero

Aderezo:

- 1 cucharada de perejil fresco, picado
- 1 cucharada de menta fresca, picada
- ralladura de 1 limón
- 1 diente de ajo, finamente picado

Porciones *4*
Tiempo de preparación *15 min*
Tiempo de cocción *2 hr 15 min*
Calorías *385*
Grasa *18 g*

3

Cerdo

Asado de cerdo

1 Precalentar el horno a 220°C / 425°F. Para hacer el relleno calentar el aceite en un sartén de base gruesa, freír la cebolla picada y el ajo durante 6 minutos o hasta que estén suaves; retirar del fuego y añadir el pan molido, la ralladura de limón, las manzanas, la salvia y el perejil, sazonar.

2 Abrir la caña, sazonar y untar el relleno; cerrar la caña alrededor del relleno y asegurar con un cordón. Acomodar la cebolla rebanada en una charola para hornear y colocar la carne encima, hornear durante 35 minutos; disminuir la temperatura a 190°C / 375°F y hornear 1 1/2 horas más o hasta que la carne esté cocida; tapar con aluminio y reposar durante 15 minutos.

3 Para hacer la salsa: colocar las manzanas, la sidra o jugo de manzana, el jengibre y la canela en un sartén pequeño; tapar y cocer de 5 a 8 minutos hasta que las manzanas se suavicen, revolver una o dos veces; incorporar el azúcar, el jugo de limón y sazonar; quitar la canela, incorporar la mantequilla y pasar a un recipiente. Verter el jugo que quede en el sartén sobre la carne y servir con la salsa.

2 cucharadas de aceite vegetal

2 cebollas, una picada y la otra rebanada

1 diente de ajo, finamente picado

115 g / 4 oz de pan molido fresco

ralladura de 1/2 limón

1 manzana grande, rallada

1 cucharada de salvia fresca

3 cucharadas de perejil fresco, picado sal y pimienta negra

1 caña de carne de cerdo 1.3 kg/ 45 oz, sin hueso

Salsa:

2 manzanas, picadas

3 cucharadas de sidra o jugo de manzana

1 raíz de jengibre de 2 1/2 cm / 1 in, finamente picada

1 ramita de canela de 5cm/ 2 in

1 cucharadita de azúcar moscabado

jugo de limón

15 g / 1/2 oz de mantequilla

Porciones *6* **Tiempo de preparación** *30 min más 15 min para reposar*
Tiempo de cocción *2 hr 20 min* **Calorías** *613* **Grasa** *39 g*

con salsa de manzana

Filetes con cítricos y salsa de sidra

2 filetes de cerdo de 315 g / 11 ozc/u

8 chabacanos secos o ciruelas pasa, o combinados

sal y pimienta negra

1/2 cucharadita de canela molida o especias mixtas

12 tiras de tocino, sin grasa

aceite para engrasar

1 cucharada de harina

200 ml / 7 oz de sidra seca

jugo de 1 naranja grande

jugo de 1 limón

1 cucharada de miel

rebanadas de limón y de naranja para servir

1 Precalentar el horno a 190°C / 375°F. Colocar los filetes entre plástico y aplanar ligeramente con un rodillo. Colocar la fruta en el centro de 1 filete, sazonar y espolvorear con la mitad de las especias; colocar el segundo filete encima.

2 Con el dorso de un cuchillo estirar las tiras de tocino y colocarlas en línea; enrollarlas alrededor de la carne y sujetarlas con palillos.

3 Colocar la carne en una charola para horno ligeramente engrasada, hornear durante 20 minutos; voltear y hornear durante 25 minutos más o hasta que esté bien cocida; transferir a un plato para servir, tapar con aluminio y dejar reposar durante 10 minutos; quitar los palillos.

4 En un sartén pequeño colocar 4 cucharadas del jugo de la carne, espolvorear el harina y cocer revolviendo de 1 a 2 minutos; incorporar la sidra, el jugo de la fruta, la miel, el resto de las especias y sazonar; dejar que suelte el hervor revolviendo hasta que espese. Rebanar la carne y servir con la salsa y las rebanadas de cítricos.

Porciones *4*
Tiempo de preparación *15 min más 10 min para reposar*
Tiempo de cocción *50 min*
Calorías *484*
Grasa *20 g*

Filetes con humus y aceite de cilantro

4 filetes de cerdo, de 200 g / 7 oz c/u

1 cucharada de aceite de olivo

1 cucharadita de páprika

1/2 cucharada de pimienta de cayena

285 g / 10 oz de humus*

cilantro fresco para decorar

rebanadas de limón para servir

Aceite de cilantro:

4 cucharadas de aceite de olivo extra virgen

4 cebollas de cambray, finamente picadas

1 cucharada de cilantro fresco, picado

sal y pimienta negra

* Véase página 47.

Porciones *4*
Tiempo de preparación *10 min más 5 min para reposar*
Tiempo de cocción *25 min*
Calorías *548*
Grasa *35 g*

1 Precalentar el horno a 180°C / 350°F. Secar la carne con toallas de papel. Mezclar el aceite con la páprika y la pimienta de cayena; frotar contra los filetes.

2 Calentar un sartén de base gruesa y freír la carne durante 2 minutos, voltear hasta sellar uniformemente; añadir 2 cucharadas de agua; tapar y calentar a fuego lento durante 10 minutos; retirar del fuego y reposar durante 5 minutos. Colocar el humus en un recipiente resistente al fuego y calentar en el horno durante 10 minutos.

3 Para hacer el aceite de cilantro: calentar el aceite en un sartén pequeño, cocer las cebollas y el cilantro de 3 a 4 minutos hasta que las cebollas se suavicen; enfriar un poco, sazonar y licuar hasta que la mezcla esté muy suave. Servir la carne en rebanadas con el humus, el cilantro y las rebanadas de limón; decorar con cilantro.

Chuletas

con naranja y salvia

- 1 cucharada de aceite de olivo
- sal y pimienta negra
- 12 chuletas de cerdo
- 285 ml / 10 oz de caldo de pollo
- ralladura y jugo de 1 naranja
- 2 cucharadas de sherry seco o vermouth
- 2 cucharadas de jalea de grosella
- 2 cucharaditas de salvia fresca, picada ó 1 cucharadita de salvia seca

1 Calentar el aceite en un sartén grande de base gruesa. Sazonar los filetes; colocar 6 en el sartén y freír por 4 minutos de cada lado o hasta que estén cocidos; retirar del sartén y mantener calientes; repetir con el resto.

2 Agregar el caldo, la ralladura y el jugo de naranja, el sherry o vermouth y la jalea de grosella al sartén; cocer a fuego alto durante 5 minutos, sin dejar de revolver, o hasta que se consuma a la mitad y tenga un color oscuro.

3 Incorporar la salvia a la salsa y sazonar. Regresar las chuletas al sartén y calentar de 1 a 2 minutos; verter la salsa sobre las chuletas.

Porciones *4* **Tiempo de preparación** *10 min*
Tiempo de cocción *25 min* **Calorías** *240* **Grasa** *6 g*

Nasi goreng

255 g / 9 oz de arroz de grano largo

1 cucharadita de azafrán de la India

3 cucharadas de aceite vegetal

1 manojo de cebollas de cambray, en rebanadas delgadas

2 1/2 cm / 1 in de raíz de jengibre, finamente picada

1-2 chiles rojos, sin semillas y en rebanadas delgadas

225 g / 8 oz de filete de cerdo, magro y en cuadritos

2 dientes de ajo, machacados

3 cucharadas de salsa de soya, o al gusto

200 g / 7 oz de camarones, cocidos y pelados, perfectamente secos

jugo de 1/2 limón

cilantro fresco para decorar

Porciones *4*
Tiempo de preparación *15 min*
Tiempo de cocción *30 min*
Calorías *439*
Grasa *13 g*

1 Cocer el arroz con el azafrán, según las instrucciones del paquete y escurrir; esparcir en un plato grande y dejar enfriar por completo durante 1 hora. Mover de vez en cuando con un tenedor.

2 Calentar 2 cucharadas del aceite en un sartén de base gruesa; agregar la mitad de las cebollas de cambray, el jengibre y los chiles, sofreír a fuego lento de 2 a 3 minutos hasta que se suavice; añadir el resto del aceite, aumentar la flama; agregar la carne y el ajo, freír revolviendo durante 3 minutos.

3 Incorporar el arroz en 3 tandas y revolver bien en cada tanda para mezclarlo con los demás ingredientes; agregar la salsa de soya y los camarones, freír de 2 a 3 minutos, revolviendo constantemente, hasta que se caliente; pasar a un platón para servir y mezclar el jugo de limón; espolvorear con las cebollas de cambray y adornar con cilantro.

Plato tai con

cerdo y camarones

- 225 g / 8 oz de fideos de arroz
- 4 cucharadas de aceite de cacahuate
- 2 dientes de ajo, picados
- 1 chalote, picado
- 115 g / 4 oz de filete de cerdo, en tiras de 5 mm / 1/4 in de grueso
- 1 cucharada de salsa de pescado*
- 1 cucharadita de azúcar
- jugo de 1/2 limón
- 1 cucharada de salsa de soya
- 1 cucharada de catsup
- 200 g / 7 oz de germen de soya
- 115 g / 4 oz de camarones, cocidos y pelados
- pimienta negra
- 55 g / 2 oz de cacahuates, rostizados y picados
- 1 cucharada de cilantro fresco, picado
- 1 limón, en cuartos para servir

* Véase página 47.

1 Preparar los fideos según las instrucciones del paquete; colar y enjuagar. Calentar un recipiente y colocar el aceite; freír el ajo, el chalote y la carne durante 3 minutos, revolviendo, hasta que la carne tome un color opaco; agregar los fideos y mezclar bien.

2 Incorporar la salsa de pescado, el azúcar, el jugo de limón, la salsa de soya y la catsup, agregar a la mezcla los fideos y revolver bien; freír revolviendo durante 5 minutos; añadir el germen de soya y los camarones y freír durante 5 minutos más hasta que estén suaves; sazonar con pimienta negra.

3 Colocar en un platón para servir; espolvorear los cacahuates, el cilantro y servir con las rebanadas de limón.

Nota: esta mezcla de cerdo, limón y mariscos es un delicioso platillo de Tailandia.

Porciones *4* ***Tiempo de preparación*** *20 min*
Tiempo de cocción *15 min* ***Calorías*** *522* ***Grasa*** *23 g*

cucharada de aceite de girasol
4 filetes (o medallones) de cerdo, aproximadamente de 100 g / 3 1/2 oz cada uno
4 chalotes, en rebanadas delgadas
170 g / 6 oz de champiñones, rebanados
1 cucharada de harina
200 ml / 7 oz de caldo de verduras
115 ml / 4 oz de sidra seca
2 cucharaditas de mostaza dijón o de grano entero
pimienta negra
2 manzanas grandes, peladas, descorazonadas y rebanadas
perejil de hoja lisa para decorar

Filetes de cerdo con manzana

1 Precalentar el horno a 180°C / 350°F. Calentar el aceite en un sartén de teflón; agregar el cerdo y cocer durante 5 minutos o hasta que se dore (voltear una vez) y colocarlo en un platón.

2 Colocar los chalotes y los champiñones en el sartén, freír a fuego lento durante 5 minutos o hasta que se suavicen; agregar el harina y cocer durante 1 minuto, revolviendo; agregar poco a poco la sidra y el caldo, revolver hasta que la mezcla esté suave y añadir la mostaza y la pimienta; dejar que suelte el hervor y continuar revolviendo durante 2 a 3 minutos hasta que espese.

3 Colocar las manzanas sobre la carne y verter la salsa; tapar y hornear de 1 a 1 1/4 horas hasta que la carne esté tierna y bien cocida; adornar con perejil fresco.

Porciones *4* ***Tiempo de preparación*** *15 min*
Tiempo de cocción *1 hr 30 min* ***Calorías*** *242* ***Grasa*** *11 g*

Milanesas

de cerdo con naranja y orégano

Porciones *4* ***Tiempo de preparación*** *30 min*
Tiempo de cocción *15 min* ***Calorías*** *411* ***Grasa*** *23 g*

- 4 milanesas de cerdo
- 115 g / 4 oz de pan blanco molido
- 55 g / 2 oz de queso parmesano, finamente rallado
- 1 cucharadita de orégano seco
- 1 huevo grande, batido
- aceite para freír
- orégano fresco para decorar (opcional)

Salsa:

- 1 naranja grande
- 1 cebolla de cambray, finamente picada
- sal y pimienta negra

1 Para la salsa: cortar unas cuantas tiras de ralladura de la naranja y reservar. Rebanar la parte superior y la inferior de la naranja, cortar la cáscara siguiendo la curva; cortar entre las membranas para sacar los gajos y recolectar el jugo en un recipiente; picar los gajos y mezclar con la cebolla de cambray y el jugo, sazonar.

2 Colocar las milanesas entre 2 hojas de plástico y aplanar con un rodillo para dejarlas de un grosor parejo. En un recipiente mezclar el pan molido, el parmesano y el orégano, sazonar. Remojar cada milanesa en el huevo batido y revolcar en la mezcla del pan molido, cubrir bien.

3 Colocar 1 cm 1/2 in de aceite en un sartén grande de base gruesa; freír 2 milanesas durante 3 ó 4 minutos por lado, hasta que tomen color café y estén cocidas; secar con toallas de papel y mantener calientes; repetir con las otras 2 milanesas; servir con la salsa y decorar con las tiras de cáscara de naranja y el orégano.

Cerdo

1 Calentar el aceite en un sartén grande y freír la cebolla de 3 a 4 minutos hasta que se suavice; agregar el ajo y el chile, cocer durante 1 minuto más.

2 Incorporar las tiras de res y cocer sin dejar de revolver durante 5 minutos a fuego medio-alto hasta que se doren y estén bien cocidas; agregar el vino y las semillas de hinojo y calentar a fuego lento de 3 a 4 minutos, revolviendo.

3 Añadir los garbanzos, las espinacas y revolver a fuego alto de 3 a 4 minutos hasta que las espinacas se oscurezcan y el líquido se haya evaporado; añadir el queso mascarpone o doble crema y sazonar.

Nota: servir con pan o arroz.

- 2 cucharadas de aceite de olivo
- 1 cebolla, finamente picada
- 1 diente de ajo, finamente picado
- 1 chile rojo, sin semillas y en rebanadas delgadas
- 510 g / 18 oz de chuletas de cerdo, sin hueso y cortadas en tiras largas
- 4 cucharadas de vino blanco seco
- 1 cucharadita de semillas de hinojo
- 400 g / 14 oz de garbanzos de lata, escurridos
- 225 g / 8 oz de espinacas
- 3 cucharadas de queso mascarpone o doble crema
- sal y pimienta negra

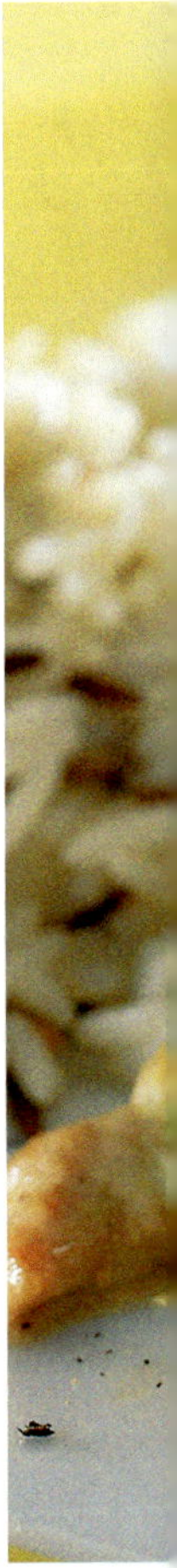

con garbanzos

Porciones *4* **Tiempo de preparación** *15 min*
Tiempo de cocción *20 min* **Calorías** *490* **Grasa** *33 g*

Pesos y medidas

Para convertir

Métrico	Imperial
5mm	1/4 in
1cm	1/2 in
2cm	3/4 in
2 1/2cm	1 in
5cm	2 in
10 1/2cm	4 in
15cm	6 in
20cm	8 in
23cm	9 in
25cm	10 in
30cm	12 in

temperatura del horno

°C	°F
120	250
140	275
150	300
160	326
180	350
190	375
200	400
220	425
240	475
250	500

Líquidos métricos:

Métrico	Imperial	Tazas
30ml	1 oz	
55ml	2 oz	1/4 taza
85ml	3 oz	
115ml	4 oz	1/2 taza
150ml	5 1/4 oz	
170ml	6 oz	2/3 taza
185ml	6 1/2 oz	
200ml	7 oz	
225ml	8 oz	1 taza
285ml	10 oz	
370ml	13 oz	
400ml	14 oz	
455ml	16 oz	2 tazas
570ml	20 oz	
1Lt	35.3 oz	4 tazas

métrico, tazas y cucharadas

Métrico	Tazas	Imperial
60ml	1/4 de taza	2 oz
80ml	1/3 de taza	2 1/2 oz
125ml	1/2 taza	4 oz
250ml	1 taza	8 oz

Métrico	Cucharadas
1 1/4ml	1/4 de cucharadita
2 1/2ml	1/2 cucharadita
5ml	1 cucharadita
20ml	1 cucharada

Para medir ingredientes sec

Métrico	Imperial
15g	1/2oz
20g	2/3oz
30g	1oz
55g	2oz
85g	3oz
115g	4oz
125g	4 1/2oz
140g	5oz
170g	6oz
200g	7oz
225g	8oz (1/2 lb
255g	9oz
315g	11oz
370g	13oz
400g	14oz
425g	15oz
455g	16oz (1 lb
680g	1lb 8oz
1 kg	2.2lb
1 1/2 kg	3.3lb

"Notas del chef"

Bouquet garni: diferentes hierbas (por lo general son perejil, tomillo y hojas de laurel) atadas que se usan para sazonar guisados, sopas y estofados. Se retiran antes de servir.

Crema de rábano: para su elaboración: ingredientes: crema, sal o limón (opcional), azúcar, rábano picante en polvo y vinagre (opcional. Batir bien la crema hasta que esté algo espesa, sazonarla con el limón, el rábano picante y el azúcar. Otro modo para prepararla es: batir la crema, la sal, el azúcar, el rábano picante y un poco de vinagre para obtener esta crema de rábano. ("Aderezo de raíz fuerte") Es un aderezo hecho de una raíz, es parecido al wasabi. Se vende embotellado.

Crème Fraîche: esta crema agria no se corta al calentarla, por lo que es ideal para hacer salsas cremosas. También se usa para botanas y postres. Modo de preparar: calentar una taza de crema espesa a 100°F, añadir una o dos cucharadas de crema agria, nata o yogurt natural; dejar reposar a temperatura ambiente durante 9 horas mínimo antes de refrigerar.

Humus: salsa espesa proveniente del medio oeste. Se hace de garbanzo machacado sazonado con jugo de limón, ajo, aceite de olivo o de ajonjolí. Se encuentra en tiendas de artículos árabes.

Nasi goren: en indonés significa "arroz frito" y tiene cientos de variaciones en Indonesia, Malasia y áreas aledañas.

Passata: es un concentrado de jitomate, se puede sustituir por puré de tomate.

Pesto: es una salsa sin cocer hecha con albahaca fresca, ajo, piñones, queso parmesano y aceite de olivo.

Salsa de ostión: es una salsa espesa, de color café oscuro, hecha con ostiones, ostras y salsa de soya. Les da un sabor salado a los platillos. Se usa para cocinar y aderezar.

Salsa de pescado: originaria del sureste de Asia. Son diferentes mezclas con base de pescado salado y fermentado, chile o azúcar. Tiene un sabor fuerte, el color varía de ocre a café. Se utiliza para condimentar y dar sabor (se le da un uso parecido al de la soya).

Salsa de rábano:

1 tarro pequeño de queso crema

1 tarro pequeño de crema de leche

1/4 de jamón finamente picado

2 cucharadas de mayonesa

6 rábanos finamente picados

2 cucharadas de perejil finamente picado

sal y pimienta al gusto

Mezclar todos los ingredientes en la licuadora

Índice